Bunt

Bunt wie ein Traum ist dieses Leben,

keine Farbe ist vergebens,

jeder Strich und jede Form

muss nicht folgen einer Norm,

ist frei, soll es, darf es sein,

denn stets konform nur ganz allein…

…macht auch nicht glücklich.

© 2020 Tassilo Leitherer

Verlag und Druck: tredition GmbH, Halenreie 40-44, 22359 Hamburg
Bilder: www.pixabay.com

ISBN
978-3-347-05398-4 (Paperback)
978-3-7497-3171-8 (Hardcover)
978-3-347-05369-4 (e-Book)

Tassilo Leitherer

Bunte Bilder dieser Wirklichkeit

Gedichte so bunt wie die Welt.

Über den Autor

Tassilo Leitherer wurde 1985 in Aschaffenburg geboren und lebt heute in München. Er ist als freier Redner, Mediator, Konfliktmanager und Kommunikationsberater selbstständig.

2009 erschien seine erste Erzählung „Die Sehnsucht nach der richtigen Welt". Im Juni 2010 folgte sein erster Gedichtband „Träume wie die Wirklichkeit", und im Oktober 2011 sein erster Roman „Die sieben Stufen des Wahnsinns".

Der Erlös seines 2012 erschienenen Gedichtbandes „Die Phantasie der Wirklichkeit" kommt Straßenkindern in Bolivien zu Gute. 2015 erschien der Gedichtband „Spiegelbild der Wirklichkeit", 2017 die Sammlung „Abschied aus der Wirklichkeit". In den Gedichtbänden „Die Schönheit dieser Wirklichkeit" (2018) und „Erinnerung der Wirklichkeit" (2018) beschäftigt sich der Autor mit dem Alltag, mit Tod und Hoffnung, der Bewältigung von Trauer und der Schönheit, die dieser Welt innewohnt.

In seinem Roman „MenschSein" (2018) widmet er sich der Frage, was Menschlichkeit auszeichnet und ob wir sind, was wir zu sein glauben. 2019 erschien Leitherers Roman „EwigSein" der sich mit der Trennlinie zwischen Wahrheit und Wirklichkeit auseinandersetzt und die Frage stellt, welche Grenzen das menschliche Leben besitzt.

Der 2019 erschienene Gedichtband „Vier Zeilen aus der Wirklichkeit" beschreibt kleine Episoden des Alltags in nur vier Zeilen.

Bunt wie die Welt.

Sommerwind

Ein Windhauch streichelt meine Haut,

ich schließ die Augen, bin bereit,

der warme Kuss, der mich berührt

und sich in meinem Herz verliert,

verbindet Traum und Wirklichkeit,

im hellen Tanz ein Sommerkleid,

mit dem der Wind ein Spielchen wagt,

ein Lachen mehr als Worte sagt,

der Augenblick wird bald vergehen,

doch jetzt lass uns spazieren gehen.

Wolkenreise

Ich blickte einmal in den Himmel,
mein Herz verlor sich im Gewimmel
von tausend Märchen, noch mehr Träumen,
ich wollte keinen je versäumen,
gab mich ganz der Reise hin
und war vollkommen frei im Sinn.

Weltenlauf

Was ist ein Tag? Ein Wimpernschlag.

Was gestern Zukunft war, ist da.

Sie prägt das heute, prägt das Jetzt.

Sie ist schon wieder ganz schnell weg.

Vergangenheit. Vergessenheit.

Morgenlicht und Dunkelheit.

Die Welt dreht sich, sie bleibt nicht stehen.

Bis wir einmal im Wind verwehen.

Darum zählt dieser Augenblick.

In ihm liegt unser aller Glück.

Sternenlicht

Das Sternenlicht bringt mich zum Träumen,

löst Grenzen auf und auch die Räume,

die uns dem goldenen Käfig gleich

gefangen halten allzu leicht,

verhindern, dass die Phantasie

uns Bilder zeigt voller Magie,

die uns durch unser Leben tragen

und durch die wir mutig wagen,

alles das, was glücklich macht,

sowohl am Tag als auch der Nacht.

Von Träumen, Wünschen und Reisen

Kleine Wünsche, kleine Träume,

manchmal Wahrheit, manchmal Schäume,

begleiten uns auf unserem Weg,

wenn auch sonst nichts bei uns steht,

sind sie uns treu, sie sind gewogen,

von hier bis hin zum Regenbogen,

ganz rein, ganz fein, ganz wunderbar,

egal, was ist, egal, was war,

vom Anfang bis zum letzten Ende,

reichen sie uns ihre Hände,

und führen uns auf neue Reisen,

weil wir mit ihnen immer frei sind.

Abendstimmung

Wenn die Sonne niedersinkt,

dem Tag sein Ende gut gelingt,

die Sterne motiviert erwachen,

dann kann der Traum all das entfachen,

was uns und unser Sein bewegt,

wenn Phantasie im Herzen lebt.

Das Lied der Welt

Im Einklang mit dem Lied der Welt
leb ich so, wie´s mir gefällt,
ich geh den Weg, der dorthin führt,
wo Glück mir Herz und Geist berührt.

Ich seh´ vor mir den Regenbogen
und weiß, er ist mir treu gewogen,
auch wenn es manchmal anders scheint,
lohnt es sich immer, Ich zu sein.

Weltuntergang

Sturm, Meer und Wellen -

der Wind will sich dazugesellen,

gemeinsam sie die Welt zerreißen,

der Orkan zieht schon breite Schneisen,

das, was war, ist längst verweht,

ein Kind ganz still im Auge steht.

Schimmer im Winter

Kleine Strahlen warmer Sonne,

Licht im Herzen, pure Wonne,

geben selbst im Winter Kraft,

was Hoffnung in uns möglich macht,

wenn sanfte Winde dann erscheinen,

will ich nicht lang im Nichts verweilen,

mich hingeben, in ihnen leben,

und so dem puren Glück zustreben

Nachthimmel

Kleine Diamanten.

Ganz hoch am Himmelszelt.

Sie tragen unsre Träume.

Ganz so, wie´s uns gefällt.

Sie schenken Phantasien.

Von bunten Zauberwelten.

Von Freude, Glück und Leben.

So will ich mich hingeben.

Drum schließ ich meine Augen.

Ein Lächeln im Gesicht.

Lass mich von ihnen tragen.

Erwachen will ich nicht.

Regenbogen-Reisen

Berührst Du ihn, den Regenbogen?

Seine Farben sind verwoben,

verzaubern jedes Menschenauge,

als ob die Pracht den Atem raube,

er nimmt Dich mit auf eine Reise,

folge ihm auf Deine Weise,

und irgendwann dann ganz am Ende,

erreichst das Ziel Du ganz behände,

greifst in den goldenen Topf hinein -

und weißt, was zählt, ist GlücklichSein.

Wolkenreise

Ich blickte einmal in den Himmel,
mein Herz verlor sich im Gewimmel
von tausend Märchen, noch mehr Träumen,
ich wollte keinen je versäumen,
gab mich ganz der Reise hin
und war vollkommen frei im Sinn.

Nächtliche Momente

Der Nachtmond färbt das Wasser rot,
die Sterne funkeln hell und golden,
der Augenblick ist frei von Not -
ganz unschuldig und unbescholten.

Es schmiegen sich die sanften Wellen
aneinander auf und ab,
sie singen dabei leise Lieder,
es hört sie, wer die Muse hat.

Auch wenn die Zeit wie Sand verrinnt
und rast, als gäbe es kein Morgen,
ist der Moment für Dich bestimmt
und dabei völlig frei von Sorgen.

Sterne

Kleine Diamanten strahlend hell am Himmel -

manchmal nur ein paar, manchmal im Gewimmel,

schenken uns die Träume, die Phantasie bewegt,

geben uns die Hoffnung, die uns durchs Leben trägt,

Nacht für Nacht aufs Neue - ohne Unterlass -

sind stets an unsrer Seite, auf sie ist blind Verlass.

Regen

Der Regen fällt.

Ich höre zu.

Dem Lied der Tropfen.

Immerzu.

Lass mich verzaubern.

Mich entführen.

Von seiner Sanftheit.

Zart berühren.

Vergänglichkeit.

Ganz rein und klar.

Ehrlich. Einfach. Wunderbar.

Will in ihm tanzen.

Durch Pfützen springen.

Gemeinsam mit ihm.

Prasselnd singen.

Doch dann.

Verschwindet er. Ganz schnell.

Die Sonne macht die Welt nun hell.

Lichtspiel

Wo bist Du, Licht?

Ich seh Dich nicht,

bist still verschwunden

in jenen Stunden,

in denen Winter kalt entsteht,

das Blau des Sommers ist verweht,

das Herz sich schwertut, warm zu werden,

manch einer kann es nicht verbergen,

wenn einsam eine Träne fließt,

im Schnee versinkt ganz schnell und tief,

die Eisblume bringt sie zum Blühen,

in ihr kann man die Hoffnung sehen,

sie funkelt zart im Sonnenlicht,

auf dass ein Niemand je vergisst:

Das Licht scheint in uns hell und klar,

wird nie vergehen, ist immer da.

Die Nacht

Wenn die Nacht den Tag verdrängt

und mystisch diese Welt einfängt,

sie in schwarz und grau einfärbt,

es hat sich immer schon bewährt,

denn ist zu dieser Tageszeit

die Kraft der Phantasie befreit,

die keine Grenzen kennt und tut,

wozu am Tag oft fehlt der Mut,

jetzt können bunte Träume fliegen,

ihre Vielfalt wird besiegen

die bösen Geister, die voll Hohn

nur streben nach dem größten Lohn,

zur späten Stunde lernen wir,

das wichtigste ist nie die Gier,

es ist nur unser Herz das zählt

und nachts die Hoffnung in sich hält.

Wirbelwind

Im wilden Wirbelwind des Lebens

ist kein Augenblick vergebens,

er macht uns stärker, macht uns reicher,

macht uns zufrieden, macht uns weicher,

lässt uns erkennen, wer wir sind,

uns so der wilde Ritt gelingt.

Im Nebel

Im Nebel brennt ein kleines Licht,
die meisten Menschen sehen's nicht,
doch Du kannst es ganz klar erkennen,
Du wirst es immer „Hoffnung" nennen.

Es ist nicht sichtbar für die Augen,
dem Herz musst Du den Mut erlauben,
all jene Dinge wahrzunehmen,
die sonst im Nebeldunst vergehen.

Bunt wie Du und Ich.

Schlaflied

Geh ins Bett, mein Engel, schön,
ich werde Dich im Traume sehen.

An einen Strand voll weißem Sand
dorthin hab ich mein Herz entsandt.

Um mit Dir dort den Müßiggang
zu gehen und zwar Hand in Hand.

Will Dich halten und verwöhnen,
mich an die Ewigkeit gewöhnen.

Ich küsse Dich und Du küsst mich,
der Moment vergeht, doch jetzt noch nicht.

Du und Ich im Augenblick

Da bist Du und da bin ich,

Deine Augen leuchten nicht,

sie strahlen heller als die Sonne,

Genuss geht Hand in Hand mit Wonne,

will nie mehr wieder von hier gehen,

irgendwann mit Dir verwehen,

in Träumen und der Phantasie -

Küss mich – oder tu es nie.

Ein Kuss

Wenn sich Lippen zart berühren,

kalt und heiß zugleich verspüren,

Spannung wächst und Lust entsteht,

alles andere verweht,

der Augenblick alleine lebt,

nie enden mag und nie vergeht,

dann ist ganz klar, es ist der Kuss,

der für immer dauern muss.

Deine Rolle in der Welt

Es ist der schöne Augenblick,
der Dich mit Wärme sanft umschließt,
Dir ein Bild von Freiheit malt,
die Dein Herz so sehr genießt.

Es ist der Mut der Wirklichkeit,
den Du tief in Dir bewahrst
und den Du jeden Tag neu zeigst,
Du musst es nicht, aber Du darfst.

Es ist das Lachen Deiner Seele,
mit dem Du der Welt Hoffnung schenkst,
beweist, dass dort auch Gutes wohnt,
viel mehr als Du oft selber denkst.

Du bist es, der den Ausschlag gibt
zwischen Licht und Dunkelheit,
Dein Handeln macht den Unterschied
der dem Guten Kraft verleiht.

Lichtkuss

Ich würde Dich gern küssen
und diesen Kuss vermissen,
bis wir uns Wiedersehen
und irgendwann im Licht vergehen.

Dein Herz

In Deinem Herz lebt pure Freude,
Du lebst Dein Leben hier im Heute,
verzauberst diese Welt ganz leicht,
denn darin bist Du unerreicht,
strahlst um die Wette mit der Sonne,
es ist für jeden pure Wonne,
Dich zu genießen, zu erleben
und so nach Lebensglück zu streben.

Lächeln

Ein Lächeln umspielt meine Lippen,

muss es nicht drängen oder bitten,

ist einfach da zu jeder Zeit,

gibt mir immer treu Geleit,

als Sinnbild einer schönen Welt,

in der das Glück alleine zählt.

Der Kuss

Der Kuss, den Du mir niemals gabst,
ist fest in meinem Herz verwahrt,
ich kann ihn fühlen, kann ihn schmecken,
als wollte er mich ewig necken.

Der Kuss, den Du mir niemals gabst,
den voller Liebe Du versahst,
mit Gefühlen und mit Wärme
denk oft zurück, ich tu es gerne.

Der Kuss, den Du mir niemals gabst,
auch wenn Du immer bei mir warst,
so zauberhaft und wunderschön,
oh, möge er niemals verwehen.

Intensiv

Ich schließe meine Augen
und spüre Dich bei mir,
Deine Fingerspitzen
necken voller Gier,
berühren mich ganz sanft,
sie lassen mich erbeben,
bin ganz und gar bei Dir,
mit Herz und Geist ergeben,
dann öffne ich die Augen,
vorbei ist der Moment,
doch das Gefühl wird bleiben
das Phantasiegeschenk.

Gegensätze

Du warst da und bist es noch.

Bist echt und doch nur Phantasie.

Ich fühle Dich und spür Dich nicht.

Ich halte Dich und tat es nie.

Du bist ein Traum der wahren Sorte.

Will so viel sagen - ohne Worte.

Dein Lächeln seh´ ich nur verschwommen.

Und doch hast Du mein Herz gewonnen.

Die Kraft eines Lächelns

Es ist verborgen tief in Dir,

ist völlig rein und ohne Gier,

vertreibt durch Hoffnung Dunkelheit,

wenn Glück sich Dein Herz einverleibt,

ist unzerstörbar, nicht zu brechen,

versteckt sich selbst im kleinsten Lächeln.

Ein Gefühl

Es ist kein Wort, kein ganzer Satz,

es ist nicht schnell, macht auch mal Rast,

es ist nicht greifbar, nicht zu sehen,

ist filigran, kann schnell verwehen,

zerbricht in tausend Diamanten,

die wertlos stumm ins Jenseits wanken,

berührt Dich zart und manchmal hart,

ist Grund dafür, warum Du wagst,

es wird Dich lenken, Dich bewegen,

ist Fluch und gleichzeitig auch Segen,

auch wenn es schmerzt, willst Du´s nicht missen,

willst es berühren, willst es küssen,

lass es zu und nimm es an,

egal, ob gestern, heute, dann.

Charisma

Das Strahlen, das Du in Dir trägst,

das Licht, das diese Welt bewegt,

ist deutlich sichtbar, nur ein Blick -

ein klitzekleiner Augenblick -

genügt, um genau das zu sehen

und alles Schöne zu verstehen,

was diese Welt besonders macht,

selbst wenn ein kleiner Teufel lacht,

kennst Du den Wert des einen Lebens,

kein Wimpernschlag ist je vergebens,

all das verraten Deine Augen,

denn ihrer Tiefe kann man glauben,

sie lassen mich ganz ehrlich lächeln

und wahre Freude nie vergessen.

Weltvertrauen

Sei einmal leise, schließ die Augen,

Du kannst der Welt um Dich vertrauen,

sie meint es gut mit Dir und spricht

zu Dir, wenn Du im Reinen bist

mit Deinem Herz und Deiner Seele,

wenn Raum und Zeit um Dich vergehen,

so weißt Du doch, sie gibt Dir Halt;

für jetzt und für die Ewigkeit.

Du

Ein Blick fürs Schöne, für das Lachen,

für all die wunderbaren Sachen,

in High-Heels, Barfuß und im Schlamm,

so gehst Du den Weg voran,

auf dem die Freude tanzend lebt

und Dein Herz voll Freiheit bebt.

Das, was Dich ausmacht

Du hast die Seele, hast das Herz,
fühlst die Freude und den Schmerz,
empfindest Einsamkeit und Leere,
das Hochgefühl der süßen Schwere.

Du hast ein Auge für das Schöne,
auf dass die Welt Dich stets belohne
mit bunten Blüten, Regenbogen,
all dem, was Phantasien mögen.

Du lebst Dein Leben ganz und gar,
fühlst Dich mal fern und manchmal nah,
gehst dabei jederzeit den Weg,
der jeden Tag vor Dir entsteht.

Ein Augenblick des Glücks

Freude wächst in meinem Herz,

wenn ich an schöne Tage denke,

an zarte Küsse, weiche Hände,

mag diesen süßen Liebesschmerz.

Die Schmetterlinge fliegen emsig,

machen mir den Geist ganz frei,

entführen mich an fremde Orte,

auf dass ich dort mit Dir bald sei.

Mild wird mein Blick, wenn ich Dich sehe,

die letzten Schritte rascher gehe,

dann bin ich Da und Du bist´s auch,

s´ist jenes Glück, das ich so brauch.

Bitte, küss mich jetzt und hier,

stille in mir meine Gier,

nimm meinen Geist in Deinen auf,

was kümmert uns der Weltenlauf?

Bunt wie das Leben.

Ein Lied vom Glück

Ich hör ein Lied in meinem Herzen,
dort kündet es von Schmerz und Leid,
von Schönheit und von purer Freude,
so gibt es treu mir stets Geleit.

Ich hör ein Lied in meiner Seele,
verrät mir, welchen Weg ich gehe,
auch wenn ich es oft nicht verstehe,
gibt es Momente, die ich sehe.

Ich hör ein Lied mit jeder Faser
meines Körpers, meines Seins,
es spricht zu mir und gibt mir Rat,
es sagt: Du sollst jetzt glücklich sein.

Ein Sonnenstrahl

Ein Sonnenstrahl traf mein Gesicht,

ich nahm ihn an, wer tät das nicht,

er trug das Glück der ganzen Welt

in sich und wollt dafür kein Geld

und so gab ich ihm das zurück,

was er mir schenkte, Stück für Stück,

ein Lächeln voll Zufriedenheit,

so bin ich jeden Tag bereit,

für neue Strahlen, voller Wonne,

und sage „Danke, liebe Sonne."

Ein Stück voraus

Irgendwann da wird´ ich gehen,

nicht mehr in Eurer Mitte stehen.

Nicht mehr mit Euch gemeinsam Lachen,

keinen Unsinn mit Euch machen.

Euch nicht umarmen, Euch nicht küssen,

ich werde alles das vermissen

und doch verbleibt ein kleiner Teil

von mir in Euren Herzen weil,

Ihr mich dort ganz, ganz fest bewahrt,

mich seht, wie Ihr mich immer saht,

und irgendwann da folgt Ihr mir,

ich erwarte Euch dann hier,

denn eine Sache ist gewiss:

Ein jedes Ende Anfang ist.

Was wir „Leben" nennen

Es ist das, das wir „Leben" nennen,

das wir glauben, gut zu kennen,

das uns treibt, sich einverleibt,

uns oft versieht mit Eitelkeit,

in der sich viele schnell verirren,

nur nach noch mehr Haben gieren,

und irgendwann an jenem Tag,

an dem der Sensenmann dann sagt:

„Es ist für Dich nun Zeit zu gehen!",

beginnen sie erst zu verstehen,

es ist nicht Hab und Gut, das zählt,

denn Glück nur dann das Leben prägt,

wenn wir wir selbst sind, ohne Angst,

mit ganzem Herzen, voll und ganz.

Aus dem Chaos entsprungen

Im Wind verloren.

Im Sturm geboren.

Dem Chaos entstiegen.

Ist es doch stets geblieben.

Als Teil eines Lebens.

Und Grund jeden Strebens.

Fragespiel

Was ist wahr und was ist falsch?
Werden wirklich alle alt?
Lebt der Tag und schläft die Nacht?
Ist das Ziel des Lebens Macht?

Haben laute Worte recht?
Ist ein jedes Lächeln echt?
Sind Versprechen immer ehrlich?
Hält man uns nur für entbehrlich?

Wem können wir noch Glauben schenken?
Wer will uns nicht einfach nur lenken?
Wer wird uns nicht die Seele rauben?
Sind wir die Blinden und die Tauben?

All diese Fragen jener Zeit
für sie sind wir oft nicht bereit,
doch wenn wir unser Herz befragen,
dann können wir die Antwort wagen.

Die Essenz des Seins

Spüre, fühle, hör auf das,

was Dein Herz Dir rät und was

Dir und Deinem Sein entspricht,

auf dass Du niemals je vergisst:

Du bist Du und darfst es sein,

es zählt nur das, nur das allein.

Morgentau

Im zarten Glanz des Morgentaus

seh´ ich die Reflexion des Lebens,

mit manchem Bruch, doch voller Schönheit,

will mich dem bunten Traum hingeben,

der sich dort spiegelt, und ich weiß,

es ist mein Herz, das ich dort sehe,

es flüstert zu mir ganz, ganz leis,

dass ich den richtigen Weg gehe.

Vom Fall. Vom Leben. Von Freiheit.

Im freien Fall, im leeren Raum

ist unser Weg ein Lebenstraum,

das Ende nah und doch so fern,

genießen wir den Wind sehr gern,

ergeben ihm uns ganz und gar,

manch einer nennt uns deshalb Narr,

mag sein, dass wir nur Narren sind,

in uns da tobt das innere Kind

und gibt uns einen weisen Rat,

es flüstert zu uns Tag für Tag,

es sagt: „Sei Du, sei Du allein,

denn bist Du frei und darfst es sein."

Ein kleines Lied

Ein kleines Lied von Hoffnung singt,
auf dass die Zukunft noch gelingt
mit Glück und voller Zuversicht,
so kündet es das kleinste Licht.

Ein kleines Lied von Schönheit singt,
von einer Blume in der Wüste,
der tausend Blüten folgen mögen,
sobald der Frühling neu beginnt.

Ein kleines Lied von Abschied singt,
ohne Trauer, ohne Schmerz,
was kommt, das geht und umgekehrt,
was wichtig ist, trägst Du im Herz.

Rast

Du gehst, beginnst die neue Reise,

gehst still und gehst zugleich auch leise,

Du weißt, dass wenn Du ruhen magst,

weil Du nicht mehr zu gehen vermagst,

Du rasten kannst in unserem Herz,

voll Freude, Glück und ohne Schmerz.

Lust auf Leben

Lust auf Leben.

Lust auf Lachen.

Lust auf alle schönen Sachen.

Lust auf Buntes.

Lust auf Licht.

Lust auf Hoffnung.

Lust auf Dich.

Vom Verlieren und vom Finden

Verloren in Unendlichkeit
suchen wir den einen Weg,
der uns an ein Ende führt,
wo uns dann der Wind verweht.

Verloren in der Ewigkeit
sind Sandkörner schon lang vergessen,
jedem einzelnen nachzutrauern,
wäre wirklich zu vermessen.

Verloren in Glückseligkeit
können wir und dürfen wir
sein und jene Zeit genießen
und uns ins Dasein tief verlieben.

Die Sprache der Seele

Hör auf Dich, auf jene Stimme,
die Dir aus der Seele spricht.
Meist ist sie leise und zerbrechlich,
doch irren wird sie sicher nicht.

Hab den Mut, Du selbst zu sein,
egal, was andere Menschen denken.
Es ist Dein Leben und Dein Weg,
dort geht es um Dein Glück allein.

Schenk der Zukunft stets ein Lachen,
auch wenn es manchmal schwierig ist.
Sieh voller Neugier dem entgegen,
was Du sein kannst, was Du bist.

Im Sturm

Wirbelsturm der Lebenswege -
mal bin ich mutig, manchmal träge,
doch sehe ich sie vor mir wachsen,
es ist nicht nötig, dort zu hasten.

Im Sandsturm als das eine Korn -
und doch bin ich dort nie verloren,
denn weiß ich immer, wer ich bin,
so ist ein jeder Wind Gewinn.

Chaos, wo einst Ordnung war -
mal bin ich hier, dann wieder da,
doch bleibe ich dem Herzen treu,
entdecke so das Leben neu.

Leben

Licht und Dunkel

Heute morgen

Helle Freude blinde Sorgen

Tod und Leben

Hier und da

Nichts ist so

Wies gestern war

Das Rad der Zeit

Im wilden Wind

Kaum dass das Leben

Neu beginnt

Verrinnt die Sanduhr

Doch nicht gleich

Leb Dein Leben

Und sei frei.

Ein schöner Tag

Schöne Tage, Sonnenschein,

blauer Himmel, sanft im Sein,

es blüht die Blume voller Pracht,

sie hat´s der Biene recht gemacht

und freut ein jedes Kind im Herzen,

bringt Lächeln selbst den Seelenschmerzen,

leicht ist das Leben hier und heute,

was kümmert mich die wilde Meute,

die hohle Phrasen schwingt voll Gier,

die eigene Freiheit gönn ich mir

und bleibe der, der ich sein will,

die Welt um mich herum wird still,

sie flüstert zu mir zart im Wind:

„bewahre Dir Dein inneres Kind.“

Bunte Gedanken.

Es ist Zeit

Es ist Zeit, Du selbst zu sein,

dem Fremdbild nicht mehr zuzustimmen,

vielleicht ist Deine Stimme klein,

doch kann ihr Großes dann gelingen,

wenn Mut und Hoffnung Hand in Hand

 ganz klar in diese Welt reinrufen,

egal, ob einfach, ob gewandt,

wird Freiheit finden ohne Suchen,

denn ist sie in Dir, tief im Herz,

lenkt Deinen Weg, wenn Du sie lässt,

und wenn so mancher Stein auch schmerzt,

kannst Du es wagen Hier und Jetzt.

Wie das Leben geht

Mal ist man oben und mal unten.

Nicht jeder Stein wird überwunden.

Doch gibt es immer einen Weg.

Auf dem das Leben weitergeht.

Der uns begleitet, der uns lenkt.

Dabei das Wörtlein „Hoffnung" schenkt.

Sie leuchtet, manchmal auch nur zart.

Und dennoch ist sie immer da.

Reichtum

Was macht uns reich?

Ein großes Schloss?

Goldene Hähne

immer noch

mehr Geld

als Bäume auf der Welt?

Vielleicht sogar ein Diamant;

nach dem es uns so sehr verlangt,

bis wir ihn in den Händen halten,

dann ist er wertlos, nicht genug.

Wir wollen mehr.

Den Topf am Regenbogenende

wir reiben uns bereits die Hände.

Und dann … ist er leer.

Wir wundern uns, wir tun es sehr,

ein Spiegel liegt darin und zeigt uns selbst.

Reichtum liegt in Dir allein,

darin zufrieden, frei zu sein,

dem Morgen ehrlich zuzulächeln

und nie das Ich-Sein zu vergessen.

Irgendwann

Ich fing einen Gedanken.
Er war so wunderschön.
Ich wollte mich bedanken.
Da musste er schon gehen.

Ich bat ihn, noch zu bleiben.
Er sah mich lächelnd an.
Versprach ein Wiedersehen.
Irgend-, irgenwann.

Kleine Kostbarkeiten

Kostbar ist der Augenblick,

vergänglich wie ein Wimpernschlag,

er spendet jedem Herzen Glück,

das dieses Leben leben mag.

Im Einklang

Mit den Himmelswinden reisen.
Ganz weit oben Freiheit spüren.
Losgelöst von allen Zeiten.
Sich selbst zum Meisterflieger küren.

Bunt mit dem Regenbogen kreisen.
Sich selbst zum Unsinn keck verführen.
Auf wilden Bildern Farbe preisen.
So manches Herz damit berühren.

Träumen mit den Regentropfen.
Phantasie und Freude schenken.
Wenn Sie auf die Dächer klopfen.
Dadurch die Lebenswege lenken.

Frei mit der Welt sein und mit sich.
Wenn Geist und Herz im Einklang denken.
Tief in uns drin erstrahlt das Licht.
Wird Glück und auch ein Lächeln schenken.

Klingentanz

Ich springe auf des Messers Klinge,

auf dass mein Tanz mir dort gelinge,

den man gemeinhin „Leben" nennt

und den man auch als „MenschSein" kennt.

Trauer

Wenn die Sehnsucht Lächeln schenkt,

Erinnerung Gedanken lenkt,

die Träne zeigt, was lieben heißt,

Du bist nicht weg, bist nur verreist,

die Hoffnung in der Ferne strahlt,

bunte Bilder emsig malt,

die ein Wiedersehen zeigen,

die Phantasie dazu verleiten,

kalt und heiß im Herz zu glühen,

angefacht von den Gefühlen,

die uns verbinden, frei von Zeit,

Du gibst uns weiterhin Geleit,

und lässt uns niemals je allein,

ganz genau so soll Trauer sein.

Schwelle

Wenn der Weg zu Ende ist,

die letzte Tür vor Dir erscheint,

hinter Dir das Licht erlischt,

sich Abschied und Beginn vereint,

dann ist es Zeit, „Lebewohl" zu sagen,

noch einmal allen zuzulächeln,

und dann den letzten Schritt zu wagen,

die Welt wird Dich niemals vergessen.

Mosaik des Lebens

Kleine Elemente
fügen sich behände
ins Lebenspuzzle ein.

Viele kleine Tränen
künden von den Plänen,
die im Nichts verschwanden.

Es lächelt die Erinnerung,
so manches war ganz sicher dumm,
doch einfach lebenswert.

Glück und pure Freude
sind bei mir hier und heute
in alle Ewigkeit.

Im Mosaik des Lebens
ist kein Tag je vergebens
und ist ein Teil von mir.

Trennungsschmerz

Seid nicht traurig, wenn ich gehe,
wenn ich sanft im Wind verwehe,
mit den Wolken westwärts reise,
ganz still, ganz heimlich und ganz leise,
ich trage Euch in meinem Herz,
ich weiß, in Eurem ist nun Schmerz,
der Trennung und Vermissen zeigt,
Tränen in die Augen treibt,
doch werden diese bald versiegen,
Ihr werdet alles das genießen,
was uns verbindet, frei von Zeit,
mit Glück und Freude ohne Leid,
bis wir uns einmal wiedersehen,
denn muss ein jeder einmal gehen.

Vergänglichkeit

Das Strahlen eines Augenblicks
ist diffus wie der Wirbelwind,
der alles ändert und verweht,
auch wenn wir grade glücklich sind.

Die Flüchtigkeit des Wimpernschlags
zeigt uns, was „vergänglich" heißt,
das Heute schnell zu Gestern wird,
das Morgen auf uns zu schon rast.

Die Schönheit dieser Wirklichkeit
in Phantasie und Traum vereint,
liegt nicht in der Unendlichkeit,
wie so mancher töricht meint,

sie ist vielmehr im Hier und Jetzt,
in Herz und Geist und nicht zuletzt
dort, wo Ich für mich bestimme,
was ich bin mit fester Stimme.

Zwei Seiten

Eine schwarz, die andere weiß.

Die eine laut, die andere leis.

Heiß und kalt im Gegensatz,

langsam und die schnelle Hatz.

Klein und groß wie Zwerg und Riese,

Wüste gegen Blumenwiese,

ganz anders doch in einem gleich:

Im Herz voll Schönheit – dadurch reich.

Vom Anfang bis zum Ende

Sei Du, bleib Du, folge dem,

was Dein Herz Dir täglich rät,

wirst ihn gehen, den Lebensweg,

auch wenn ihn mancher Stein versperrt,

wirst Du allein durch Deine Träume,

sie sind von allergrößtem Wert,

auf dass Du nichts jemals versäumest,

denn ist es jeder Umweg wert,

sie überwinden und sie meistern,

egal, wie groß und rau sie sind,

folgst dabei dem einen Stern,

dessen Licht niemals verrinnt.

Du wirst am Ende Deines Weges

lächelnd Richtung Himmel blicken,

wirst „Danke" flüstern und dann nicken,

wenn Dein Dasein neu beginnt.

Leuchten

Es leuchtet in Dir

In Deinem Herzen.

In Deiner Seele.

Mal mit Schmerzen.

Mal mit Freude. Euphorie.

Gibt Dir Mut.

Sonst wagst Du nie.

Gibt Dir zu denken.

Gibt Dir zu weinen.

Nur eine Kraft.

Kann das vereinen.

Man nennt es Glück.

Ich nenn es Leben.

Du kannst und darfst.

Frei danach streben.

Wenn ich Ich wäre

Wenn ich ein Blümlein wäre -

mit einer großen, bunten Büte -

würde ich blühen,

als gäbe es kein Morgen.

Wenn ich ein Vöglein wäre -

mit einer Stimme fein und zart -

würde ich singen,

als ob da nur das Heute wäre.

Wenn ich Ich wäre -

mit ganzem Herz und meiner Seele -

würde ich das tun,

was ich für richtig halte,

denn ist es nur das Jetzt, das zählt.

Bunte Fabeln.

Identitätswechsel

Es war einmal ne Kröte,

die kam ständig in Nöte,

denn war sie immer nass,

mit Regen kam der Hass

auf das Wetter und ihr Leben

und so begann sie stur zu streben,

nach einem Haus und irgendwann

da fand sie es und sie begann,

voll Glück und Freude einzuziehen,

nun war es möglich zu entfliehen

dem Regen unter ihrem Schild

und war das Wetter noch so wild,

vergessen waren alle Nöte -

ab jetzt war sie ne Schild-Kröte.

Die Lebensphilosophie

eines Glühwürmchens

Der Glühwurm leuchtet vor sich hin,
er weiß, dass das viel Freude bringt
ihm selbst und seiner Glühwurmdame,
der er durchs Lichtspiel das Herz wärme,
mehr braucht er nicht, zum Glücklichsein,
denn ist der Rest doch bloßer Schein.

Flugelefant

Das Elefantenbaby - klein und grau -

wusste noch nicht ganz genau,

wie schnell es wirklich laufen kann,

sich so in die Lüfte schwang,

es dachte schon, es könnte fliegen,

blieb dann doch nur im Sande liegen

und trötete im Herz voll Freude:

„Morgen ganz sicher, wenn nicht heute."

Das reimende Erdferkel

Das Erdferkel blickte geknickt,

es fühlte sich nicht sehr geschickt,

denn wollte es ein wenig reimen,

Worte aneinanderleimen,

doch fand es nicht den rechten Vers,

es überlegte kontrovers,

ein Reim wollte ihm nicht gelingen,

weder beim Schreiben noch beim Singen,

und als es dann doch die Reime trafen,

beschloss es viel lieber …

ein Nickerchen zu machen.

Der losgelöste Frosch

Es meditierte einst der Frosch,

auf dass der Frieden ihn durchfloss,

er tat dies auf der Straße, leider -

im Einklang ist er nun ... und breiter.

Der losgelöste Frosch (gutes Ende)

Es meditierte einst der Frosch,

auf dass der Frieden ihn durchfloss

auf einer Seerose im Teich

ganz bescheiden und doch so reich.

Der Frosch im Urlaub

Im Urlaub ist er nun, der Frosch,
dort meditiert er immer noch
genießt die Sonne und die Wärme,
plantscht frei im See und tut das gerne,
entgeht dem lauten Stadtverkehr,
nach Hause will er nimmermehr.

Der Frosch im zweiten Urlaub

Im Urlaub ist er nun, der Frosch,
dort meditiert er immer noch,
in Sicherheit vor lauten Straßen,
kann er sich in der Sonne laben,
schaut mancher Froschfrau hinterher,
die Meditation stört das doch sehr,
„was soll´s?" denkt sich der Frosch und grinst,
auf grüne Froschschenkel er linst
und quakt ihnen laut hinterher -
nach Hause will er nimmermehr.

Das Ende des Regenwaldes

Es war einmal im Regenwald

ein wildes Treiben weit und breit,

Tapire und auch Wasserschweine -

kein Tier war dort jemals alleine.

Der Jaguar ging seinen Weg

als Dschungelkönig doch diskret,

gut getarnt im Schattenmeer

fühlt er sich wohl, er tut es sehr.

Die Affenbande turnt im Baum,

lebt fröhlich ihren Lebenstraum,

kennt zwar das Wörtlein „Freiheit" nicht,

ist einfach frei, braucht Worte nicht.

Die Bagger kommen, laut und kalt,

vor nichts machen sie jemals Halt,

erst wenn der letzte Baum umfällt,

erhalten sie ihr totes Geld.

Verschwunden sind nun alle Affen,

der Ort ist einsam und verlassen,

weg sind sogar die Wasserschweine,

ein letztes Vöglein singt alleine,

das Lied vom Ende dieser Welt,

zu dem es sich nun selbst gesellt.

Krötenwanderung

Eine Kröte saß einmal
am Fahrbahnrand der Autobahn,
sie tat dies immer wieder mal,
verwundert über diesen Wahn.

Der Lärm war laut, die Luft war schlecht
und manch ein Fahrer hatte Pech,
wenn er zu sehr aufs Smartphone starrte,
ihn dies vorm Unfall nicht bewahrte.

Dann fielen laute Worte reichlich,
manch eine Faust traf auch ein Auge,
man hörte Dinge wie „Oh Gott!",
es hatte nichts zu tun mit Glaube.

Die Kröte selbst war gut gelaunt,
ein wenig war sie auch erstaunt,
wie genervt die Menschen waren,
wann immer sie einander sahen.

Und so genoss sie ganz entspannt,
doch dann kam eine blasse Hand
ergriff sie und im Korb verschwand
die Kröte, die das nicht verstand.

Es rumpelte und ruckelte
und nach kurzer Weile dann
erschien erneut die fremde Hand
und setzte sie sanft in den Sand.

Erst wusste sie nicht ganz genau,
was mit ihr geschehen war,
doch dann sah sie den Straßenbau
und plötzlich war ihr alles klar.

Sie war nun auf der anderen Seite,
wo sie doch gar nicht sitzen wollte,
genervt sah sie nun in die Weite,
laut quakend sie den Menschen schmollte.

Die Muschel

Die Muschel lag am Südseestrand

und sonnte sich entspannt im Sand,

genoss die Brandung nur für sich,

jeden kleinen Augenblick,

dort dachte sie nicht an das Morgen,

im Paradies gibt's keine Sorgen,

dort lebt allein die Phantasie,

ob gestern, heute, oder nie,

spielt keine Rolle, nicht im Traum,

ganz losgelöst von Zeit und Raum.

Vogeltratsch

Es trafen sich einmal zwei Schwalben,
sie wollten grade kurz mal halten,
als sie Richtung Süden flogen,
denn war der Wind nicht so gewogen.

Sie diskutierten dies und das,
oder aber wie und was
und kamen schließlich zu dem Schluss,
dass man einfach lächeln muss,

denn ist die Welt so wunderschön,
das Klima ist meist angenehm,
auch wenn man manches Böse sieht,
wenn man hoch in den Wolken fliegt.

Egal, ob Mensch oder auch Schwalbe,
vom Himmel aus oder im Walde,
das Glück ist überall zu finden,
wenn wir den Missmut überwinden.

Die Blau-Meise

Die Meise singt den ganzen Tag,
weil sie das so gerne mag,
erfreut die Welt mit sanften Liedern,
dazwischen putzt sie das Gefieder.

Sie schenkte vielen Wesen Freude,
Füchsen, Rehen und auch Mäusen,
doch da war auch ein böser Mann,
der nach dem Vogelleben sann.

Er schimpfte nur Tag aus Tag ein,
bei Regen und bei Sonnenschein,
für ihn war der Gesang nur Krach
und störte ihn bei seinem Schlaf.

Dem Vöglein wurde das zu viel,
es flog davon so schnell wie nie,
und dachte: „Der Typ hat doch ne Meise!"
Jetzt macht sie blau ganz still und leise.

Das innere Kind

Ein Äffchen turnte wild im Baum,

lebte dort den wahren Traum,

aß haufenweise Esskastanien

oder eben auch Bananen,

als dann der Silberrücken schimpfte

und seine hohe Nase rümpfte,

da kicherte der kleine Affe,

auf dass man ihn doch Kind sein lasse.

Specht versus Wurm

„Da ist er!", rief der junge Specht,

der fette Wurm kam ihm ganz recht,

denn brummte ihm sein Vogelmagen,

von viel zu mickrig, kleinen Maden.

„Hilfe!", schrie der Wurm erschrocken,

sein Atem wollte nur noch stocken,

als er den Specht knapp vor sich sah,

war ihm der Tod doch ganz schön nah.

„Das wird ein Festmahl!", schwärmt der Specht,

sah sich natürlich voll im Recht,

er hatte Hunger wie ein Bär,

auf seinen Snack freut er sich sehr.

„Er will mich fressen!", dacht´ der Wurm,

er wand sich, wie das Würmer tun,

und tauchte ab in seinen Bau,

doch dann rief er auf einmal „Au!".

„Ich hab´ Dich", triumphiert der Specht,

sah sich als Sieger im Gefecht

und hämmerte noch etwas tiefer,

mit seinem Schnabel in die Kiefer.

„Ich muss was tun", entschied der Wurm,

er wollt´ noch nicht in Frieden ruhen

und schleimte wie noch nie im Leben,

er wusste, er muss alles geben.

„Was ist denn nun los?", staunt der Specht,

nicht haltbar war der Wurm so recht,

dann war er weg, ganz tief im Baum,

sein Mahl verpuffte wie ein Traum.

„Frei bin ich!", seufzte laut der Wurm,

vorbei war jetzt der Todessturm,

die Chance hatt´ der Specht vertan,

wie gut, dass ein Wurm schleimen kann.

Die Biene

Ich stand allein im Feld.

Ich blickte in die Ferne.

Vor mir war nur die Stille.

Und mit ihr auch die Leere.

Ich war der letzte Mensch.

Vergessen und Verlassen.

Da sah ich ein Bienchen.

Ich konnte es kaum fassen.

Ich hielt ihr meine Hand hin.

Die Biene ließ sich nieder.

Es zog ein kalter Wind auf.

Er kroch in meine Glieder.

Als ich auf meine Hand sah.

Die Biene war gestorben.

Verwehte nun im Winde.

Mit ihr starb auch das Morgen.

Was ein Wurm uns lehren kann

Ein kleiner Wurm genoss den Tag,

es regnete, was ein Wurm mag,

er lag entspannt auf einer Wiese,

um ihn herum weht eine Brise.

Er dachte nicht an jene Zeit,

die das Morgen hält bereit,

denn weiß ein Wurm, was Leben heißt,

er stets das Hier und Jetzt bereist.

Der Pinguin

Ein Pinguin ging mal spazieren,
denn war dies besser als zu frieren,
er war von ganz besonderer Sorte,
ganz anders als der Rest der Horde.

Am Südpol war es ihm zu kalt,
ständig verlor er seinen Halt
und stürzte in das kalte Wasser,
er wurde so zum Kältehasser.

Geschichten kannte er ganz viele,
von warmen Orten, grünen Pflanzen,
er wusste, dass es ihm gefiele,
mit andren Tieren dort zu tanzen.

Doch waren all die schönen Orte
zu weit entfernt, um sie zu finden
zumindest, wenn man schwimmen musste,
statt zu fliegen, mit den Winden.

Man sagt, dass so ein Pinguin
nicht fliegen kann mit seinen Flügeln,
so töricht der Versuch auch schien,
erhob er sich und flog dahin.

Er folgte einem Kormoran,
nicht elegant, doch kam er an,
im Paradies, im Blütenmeer,
die Flügel wurden langsam schwer.

Er lebte seinen Lebenstraum
und wollte nie dorthin zurück,
wo alles stets unmöglich war,
selbst das Finden seines Glücks.

Nun liegt der Pinguin ganz faul
in einer weichen Hängematte,
genießt den Tag und einen Drink -
stolz auf den Mut, den er einst hatte.

Die Geschichte eines Teddybären

Auf einer Straße - alt und leer -

da lag einmal ein Teddybär.

Sein Fell war grau und ungepflegt,

von zu viel Leben arg verlebt.

Wie lange er bereits dort lag,

das wusste er nicht mehr zu sagen.

Ganz sicher viele Jahre schon,

es war wohl sein gerechter Lohn.

Der Lohn für Trost und Zuversicht.

Der Lohn für Treue ohne List.

Der Lohn für Kraft und Halt in Zeiten,

in denen finstre Kräfte walten.

Der Teddybär war immer da,

ganz egal, was auch geschah,

und doch kam irgendwann die Zeit,

da war ein Kind den Bären leid.

Und so war alles das vergessen,
was der Bär gegeben hatte,
ganz sicher wäre es vermessen,
Dankbarkeit je zu erwarten.

Und doch empfand der Teddybär,
keinen Hass und keinen Groll,
es lag an seinem großen Herz,
von Güte angefüllt und voll.

Und so liegt unser Teddybär
auch heute noch auf jenem Weg,
den viele schon vergessen haben,
bis er einmal im Wind verweht.

Glücksschwein

Ein Schweinchen grunzte vor sich hin,

war fröhlich, glücklich, frei im Sinn -

es wedelte mit seinem Schwanz,

weil selbst ein Ringelschwanz das kann,

genoss die ersten Sonnenstrahlen,

den Regenbogen voller Farben,

wie wertvoll dieses Leben ist,

ein Schweinchen niemals je vergisst.

Und Du?

Bunte Geschichten.

Lebenssinn

Auf einer Brücke saß ein Mann,

die Augen starr, sein Herz im Bann.

Er dachte an so viele Dinge,

an seinen Tanz auf Messers Klinge.

Er hatte sich im Nichts verloren,

sein Lebenstraum war tot geboren,

er packte viele Dinge an,

Erfolg wie Sand ihm rasch verrann.

Wie gerne hätte er geweint,

auf dass sich Frust und Fluss vereint,

doch war die Wunde tief im Herzen,

jenseits aller Seelenschmerzen.

Für ihn gab es nur einen Weg,
der ihn von hier ins Jenseits trägt,
auf dass für ihn das nächste Leben
mehr bietet als das dumpfe Streben.

Doch plötzlich sah er unter sich
ein Funkeln in der hellen Gischt,
neuer Mut durchströmte ihn
und so fand er den Lebenssinn.

Eieruhr

Ist es Trauer? Ist es Glück?

So flüchtig ist der Augenblick.

Wir versuchen festzuhalten,

all jene Schemen, die Gestalten,

die schattenhaft im Nichts verschwimmen,

dabei verdrehte Lieder singen,

die wir hören, nicht verstehen,

bis sie dann ganz schnell verwehen.

Der Sand rinnt weiter - Hand um Hand -

erwartet weder Wut noch Dank,

bis uns nur noch ein Sandkorn bleibt,

das dem Herzen Kraft verleiht,

bald zieht es um ans Firmament,

wo es am Ende ewig hängt

als Stern, der treu den Weg uns weist

und zu uns spricht - wortlos und leis.

Wer ein Bäumchen pflanzt

(oder: Ode an die kleine Palme)

Der fiese Rasenmähermann
kam mit seinem Traktor an
und fällte meine kleine Palme,
ihr Klageruf im Nichts verhallte.

Doch lass ich mich doch nicht beirren,
werd jenen Gärtner schwer verwirren,
mit neuer Kokosnuss im Rasen,
ich werd sie diesmal nicht verlassen,
bis sie in stolze Höhe wächst,
so dass kein Mäher sie verletzt.

Des Dichters Ärger

Es stritt einmal Archilochos
mit seinem Nachbarn Polybos,
weil dieser einen Vers nicht mochte
und über jeden Jambus lachte,
drum rief er laut „Oh, Polybos,
was bist Du doch für ein A …"

Die Metamorphose des Schneemanns

Ein Schneemann stand einmal am Strand,

er hatte schon nen kleinen Brand

von der Südseesonne hier,

in seiner Hand hielt er ein Bier.

Genoss die Zeit, den Augenblick,

empfand dabei sein Lebensglück,

und beschloss an jenem Tag,

dass er kein Schneemann sein mehr mag,

und wollt sich nie mehr wegbewegen,

ab jetzt als Sandmann weiterleben.

Der Mann im Mond

Im Mondschein spiegelt sich die Welt,
eintausend Wunder schimmern hell,
es wacht der Mann im Mond darüber,
er singt dabei verträumte Lieder.

Er sorgt dafür, dass Phantasie
das Herz beflügelt wie noch nie,
und hat er dieses Ziel erreicht,
wird ihm sein eignes Herz ganz weich,
er träumt dann selbst in bunten Farben
bis zur nächsten Wundernacht.

Seifenblase

Im bunten Tanz der Seifenblasen
will ich neue Träume wagen,
weil bunt viel schöner ist als grau,
mal akkurat mal ungenau,
doch immer anders, immer neu,
meistens mutig, manchmal scheu,
drum nehmt mich mit auf Eure Reise,
will mit Euch tanzen und so frei sein.

Das Sandkorn

In einer Wüste lebte einst
das Sandkorn, klein und stumm und fein.
Es lag hier schon seit tausend Jahren,
es trotzte allerlei Gefahren,
die so ein Wüstenleben birgt,
wenn man sich dort im Nichts verirrt.

Es war es leid, nur dazuliegen,
sich an das Nachbarkorn zu schmiegen
und niemals etwas zu erleben,
das Dasein schien so nur vergeben.

Und so beschloss es eines Tages,
kühn zu sein und somit tat es
einen Sprung in eine Böe,
sie trug das Sandkorn in die Höhe,
hinauf in jene Himmelswinde,
auf dass mit ihnen es verschwinde.

So erforschte es Welt,

von oben und ganz unverstellt,

erlebte manches Wunder mit,

während es den Westwind ritt.

Das Sandkorn hatte es bewiesen:

Es gilt, das Leben zu genießen

und das zu tun, nach dem das Herz

strebt, denn ist der Sehnsuchtsschmerz

zu stillen, wenn man erst beginnt,

sein Leben mutig selbst bestimmt,

und sich dabei auf sich besinnt,

bevor die Eieruhr verrinnt.

Der Zauberlehrling

Es sprach einmal der Zauberer

zu seinem Schüler laut und klar,

als dieser von ihm wissen wollte,

wo man sich die Magie herholte:

„Hör mir zu, mein junger Lehrling,

wie man den Stab des Zauberns schwingt,

spielt keine Rolle, denn es sind

nicht irgendwelche Tricks der Sinn,

Magie lebt immer nur Im Herz,

basiert auf Freude und auf Schmerz,

mit dem, was Du tief in Dir trägst,

Du großen Zauber wahrlich prägst

und dieser kalten Welt beweist,

dass Phantasie und Wirklichkeit

im Traum vereint sind zauberhaft,

auch Du die Magie in Dir hast."

Des Henkers Lied

Der Henker tritt stolz zum Schafott,

hat niemals Angst vor keinem Gott,

doch als er seine Axt fest schwingt,

sein Herz ein Friedensliedlein singt,

er schleudert von sich jenen Stahl,

denn hat man immer eine Wahl.

Feenzauber

Der Lebenszauber wohnt in Dir,

trägst ihn nach außen ohne Gier,

Dein Lachen kann selbst die anstecken,

die sich im Trübsal nur verstecken,

bist pures Glück, bis reine Freude,

im jetzt und nun, im Hier und Heute.

Die Klopapierrolle

Sie weiß, sie ist nur aus Papier,

sie hat drei Lagen, manchmal vier,

ihr Job ist nicht schön anzusehen

und dennoch, kann sie es verstehen,

dass man sie braucht, mehr als man glaubt,

Stück für Stück wird sie beraubt

der vielen Blätter, die sie schützen,

und die so vielen Menschen nützen,

an jedem Tag, zu jeder Stund´,

dreht sie sich, denn ist sie rund,

sie erfüllt die Pflicht beflissen,

fühlt sich dabei meistens beschissen.

Der Topf voller Gold

Hast Du ihn dort vorn gesehen?

Möchtest Du nun dorthin gehen?

Willst Du in jenem Goldschatz baden?

Dich an dem kalten Glanze laben?

Bist Du bereit zu jeder Tat?

Bist Du immun für jeden Rat?

Gehst Du nun schon über Leichen?

Willst Du nur noch Dein Ziel erreichen?

Wenn all das stimmt, wird er verschwinden,

verwehen mit den Himmelswinden,

er gibt Dir weder Geld noch Gold,

sondern das Glück, es sei Dir hold,

doch wartet er an keinem Ort,

wie man so sagt, denn ist er dort,

wo Du mit Deinem Herzen denkst,

Dein Handeln gut und richtig lenkst,

belohnt Dich mit Zufriedenheit,

steht jederzeit für Dich bereit.

Die Maske

Es war einmal eine Maske.

Sie lächelte Tag für Tag.

Sie nickte immer, sie sagte „Ja".

Sie tat, was sie tun sollte.

Sie tat, was alle gut fanden.

Sie war beliebt, jeder kannte sie.

Sie war erfolgreich und wohlhabend.

Sie war viel unterwegs und unter Leuten.

Sie war all das, was man von ihr erwartete erwartete.

Irgendwann lief die Maske an einem Spiegel vorbei.

Sie sah hinein und zerbrach.

Eisblume

Es war einmal eine Blüte.

Sie leuchtete bunt im Sonnenlicht.

Sie genoss den Sommer.

Und so beschloss sie zu bleiben.

Als der Herbst kam und der Winter.

Die Blüte fand ihre neue Bestimmung.

Erstarrt in ewiger Schönheit.

Spaziergang

Ich ging einmal im Traum spazieren,

war im Begriff, mich zu verlieren

in bunten Wiesen, weißen Stränden -

es heißt, dass alles einst wird enden -

was macht das schon, was zählt, ist heute,

das Herz darf frei sein voller Freude,

in Träumen und der Wirklichkeit -

stets zum GlücklichSein bereit.

Nymphen

Verborgen sind sie tief im Wald,
im See, in Bergen und im Regen.
Sie werden dort nur langsam alt,
so lange sie sind, ist auch Leben.

Sie kümmern sich um die Natur,
sind Hüter jener Herrlichkeit,
so manche ist auch oftmals stur,
das ist´s, was ihnen Kraft verleiht.

Die Freiheit macht ihr Dasein aus,
es ist unmöglich, sie zu fangen,
so leben sie Tag ein, Tag aus,
mit Leidenschaft und voll Verlangen.

Sie schenken Freude jenen Orten,

an denen sie sich niederlassen,

sie brauchen keine Zauberworte,

auf die Magie sie sich verlassen.

Sie sind das Bollwerk gegen Leid,

sind offen, schelmisch und verwegen,

frei von Missgunst oder Neid,

denn sind sie immun dagegen.

Sie sind schön, weil sie sie sind,

edel im Herzen und im Geist,

und wenn das Dasein neu beginnt,

hörst Du sie flüstern - leis, leis, leis.

Beobachtungen in Fragmenten

Rote Decke,

Silberkleid,

Sternenhimmel,

Weltenleid.

Wolkenbrüche,

Wassermassen,

mein Herz kann es

nicht wirklich fassen.

Warum fällt der Engel einsam,

die Wolken fliegen stets gemeinsam,

Blumen blühen strahlend hell,

das Murmeltier putzt sich das Fell,

sobald es tief im Schlaf versinkt,

der Winter stolz den Sieg erringt.

Verlockend ruft die Himmelsmacht,
im Weltraum tobt die Sternenschlacht,
das Wiegenlied von weit her klingt,
der Wind sein ewiges Liedchen singt.

Am Straßenrand der Osterhase
er putzt dort seine Hasennase
und winkt dem Tag, er zieht vorüber,
die Nacht und er sind treue Brüder.

An jedem Tag kannst Du ihn sehn
und dennoch wir er bald vergehen,
genieße ihn den Augenblick,
das Schicksal lenkt das Weltgeschick.

Ein Tag am Strand

Sommer, Sonne, Sand und Meer,
es lacht sogar der Teddybär,
wenn ihn das Kind am Strand vergisst,
im Abendrot strahlt sein Gesicht.

Wolkenspiele noch und nöcher,
Blicke bohren Himmelslöcher,
durch die der Zauber dieser Welt
von oben bis nach unten fällt.

Die Flaschenpost geht auf die Reise,
sie tut´s auf ihre eigne Weise,
keine Rolle spielt die Zeit,
die Wellen geben ihr Geleit.

Die Botschaft, die ich ihr mitgab,
erzählt, denn ich bin ganz vernarrt,
von der Schönheit dieses Orts,
mein Traum nimmt mich mit zu ihm fort.

Ein Träumlein

Ein Glitzern - fern in dunkler Nacht -

hat mir ein Träumlein mitgebracht,

das mich begleitet, mich bereichert,

meinen Horizont erweitert,

und mir selbst dann zur Seite steht,

wenn die Sonne neu aufgeht.

Die Gedichte

Bunt wie die Welt.

Bunt wie Du und Ich.

Bunt wie das Leben.

Bunte Fabeln.

Bunte Geschichten.

Zeitfracht Medien GmbH
Ferdinand-Jühlke-Straße 7
99095 Erfurt, Deutschland
produktsicherheit@kolibri360.de